ANTIDOTE

CONTRE LES DOCTRINES

DE

LA QUOTIDIENNE

SUR SAINT-DOMINGUE.

IMPRIMERIE DE GUIRAUDET,
Rue Saint-Honoré, no 315.

ANTIDOTE

CONTRE LES DOCTRINES

DE

LA QUOTIDIENNE

SUR SAINT-DOMINGUE.

A PARIS,

CHEZ { PONTHIEU ET DELAUNAY, LIBRAIRES, AU PALAIS-ROYAL, MONGIE AINÉ, BOULEVART DES ITALIENS.

1825.

ANTIDOTE

CONTRE LES DOCTRINES

DE

LA QUOTIDIENNE

SUR SAINT-DOMINGUE.

———

La *Quotidienne*, dans sa feuille du lundi 25 courant, annonce et analyse tout à la fois une petite brochure à laquelle les bruits qui courent depuis quelque temps sur Saint-Domingue ont donné naissance. Elle a pour titre : *Sur l'Émancipation de Saint-Domingue.*

« En lisant cet ouvrage, dit ce Journal, nous avons
« encore l'occasion de remarquer combien les hommes
« qui ont vu de près les colonies diffèrent d'opinion et
« de langage avec ceux qui n'ont que des notions théori-
« ques sur cette matière. »

Cette introduction avait nécessairement pour but d'invoquer la confiance en faveur de l'auteur de l'opuscule annoncé, d'autant plus qu'en le nommant, le rédacteur de l'article a soin de prévenir qu'il est déjà connu par plusieurs écrits sur les colonies. Dans cette confiance, nous nous sommes procuré l'ouvrage prôné par *la Quotidienne;* mais, l'avouerons-nous, sa lecture nous a laissé l'intime conviction que l'auteur ne connaissait nullement les colonies, ou que, si, contre toute vraisemblance, il les avait visitées, c'était à une époque déjà tellement éloignée,

*

qu'il les voyait encore telles qu'elles lui avaient paru avant la révolution.

Ses idées, ses citations, ses opinions, sont donc, nous dira-t-on, bien éloignées de la situation actuelle de ces contrées? Vous n'y êtes pas. L'auteur ne s'attache point dans son opuscule à discuter la question de Saint-Domingue. Tel n'était point son objet quand il s'est décidé à écrire. On voit que son discours n'a point de but déterminé : il s'appliquerait au besoin à toutes et à chacune de ces idées ressassées qui forment l'aliment ordinaire de *la Quotidienne*.

Le titre que l'auteur a donné à sa production est de pure fantaisie. Il lui en fallait un pour placer en titre de sa composition de 24 pages. Le nom de Saint-Domingue se trouvant répété plusieurs fois dans son discours, et le bruit d'une prochaine émancipation ayant été prononcé dans quelques feuilles publiques, la réunion de ces deux mots lui a paru former un rapprochement piquant dans les circonstances. Il les a adoptés, et en a décoré le frontispice de son opuscule.

Qu'on le lise et qu'on nous démente si nous avons accusé faux, et nous passerons condamnation.

En attendant, pour répondre à ce titre, qui renferme à lui seul toute la question, plutôt qu'au contenu de la brochure, qui ne nous a rien appris, nous croyons devoir nous borner à exposer en peu de mots ce que l'auteur avance sur Saint-Domingue.

Suivant lui, c'est une lâcheté de transiger avec des nègres. — *Légalement vendus* et *achetés d'après les usages de leur pays*, l'esclavage est leur légitimité. — *L'opportunité de nous précipiter* dans un traité avec eux *n'existe point*. En *restant dans le* statu quo, *on se donne le loisir de bien apprécier la facilité d'une expédition militaire à Saint-Domingue.* — *Les cent cinquante millions promis aux colons sont un leurre ridicule.* — Les nègres *n'auront jamais la faculté ou la volonté de les* payer. — Après et malgré le traité avec Haïti, *nos affaires avec cette colonie seront nulles. Les Anglais resteront en possession de lui vendre ce qui lui manque.* — Dans le cas contraire, *Saint-Domingue, rentré sous le sceptre des Bourbons, formerait une vice-royauté considérable. Le commerce avec cette île nous mettrait alors dans le cas d'entretenir une marine imposante dans ces parages.* — *Ce sont les Anglais qui pressent l'œuvre de* l'émancipation, qui doit conduire à la reconnaissance par l'Espagne de ses anciennes possessions en Amérique.

Telles sont les seules phrases qui, avec quelques lignes de développement dans les 24 pages de la composition de l'auteur, ont quelque contact avec la question de Saint-Domingue. Telles sont aussi les idées qui, avec le reproche qu'il adresse aux Grecs d'avoir préféré obtenir par leur courage la fin de leur esclavage, plutôt que de le devoir à l'intervention de la Sainte-Alliance, ont attiré à son ouvrage la protection de *la Quotidienne.*

On n'exigera pas de nous que nous nous engagions dans une réfutation serieuse des assertions que nous venons de relever. Mais elles nous fournissent une occasion opportune d'éclaircir une question d'un intérêt immense pour la France, et nous la saisissons avec d'autant plus d'empressement, que, les divagations de l'auteur étant partagées par nos absolutistes, nous pourrons, en les parcourant, répondre à des erreurs très-graves, et que l'on s'efforce d'accréditer.

L'auteur n'aperçoit qu'une lâcheté indigne de la France dans un traité avec Haïti. *La Quotidienne,* en se rendant son écho, ajoute : « Si l'île de Saint-Domin-« gue est perdue à jamais pour la France, que du moins « cette perte n'en entraîne pas d'autres, et c'est cepen-« dant à quoi l'on s'expose si un traité vient légitimer « la révolte de cette colonie. »

Ne semblerait-il point, à entendre ces écrivains, que la France est dans la pleine jouissance de Saint-Domingue, ou que, du moins, elle n'a qu'à détacher un bataillon et quelques avisos pour rappeler cette île à la soumission ? Peut-on ainsi oublier que, depuis trente-quatre ans, les nègres sont en pleine révolte, et que, depuis vingt-trois ans, ils jouissent de la plus entière indépendance, et que toute idée de les réduire par la force s'évanouit devant les obstacles reconnus insurmontables?

De quoi s'agit-il en fait? De sauver quelques débris d'un grand nauffrage; de faire la part du feu qui va tout dévorer, si vous tardez trois ou quatre ans d'accepter ce que la fortune vous offre encore. Soumettez-vous à un sacrifice entier. La question relative à Saint-Domingue ne se concentre plus dans la cause exclusive de cette île : son sort est lié à celui du nouveau monde. Le peuple d'Haïti fait partie de la confédération générale des nations américaines, dont la séparation de l'antique Europe est irrévocablement fixée par les événemens, comme elle était indiquée de tout temps par la nature.

L'homme que les circonstances ont placé à la tête des Haïtiens considère plus le prix du temps et sa propre gloire que l'intérêt matériel de son pays, lorsque, par un traité particulier avec la France, il cherche à avancer le moment où Haïti prendra rang parmi les puissances. S'il négligeait ces considérations, qui ont pourtant leur avantage et leur beau côté, il pourrait s'en remettre au temps de son affranchissement. Peu d'années encore, et une mesure générale dans laquelle cette île et toutes les Antilles seront comprises lui assurerait sans sacrifice ce qu'il offre d'acquérir aujourd'hui par d'importantes concessions.

La Quotidienne voit dans l'émancipation accordée à Saint-Domingue par un traité, le signal de la perte des autres îles appartenant à la France. Nous la découvrons, nous, dans l'émancipation générale et prochaine de l'Amérique du Sud, 'que nul effort, nulle combinaison ne saurait empêcher, et nous sommes loin d'admettre qu'une concession de simple forme, puisqu'elle ne changera rien physiquement à ce qui existe de fait à Haïti, depuis vingt-trois ans, puisse avoir de l'influence sur le sort des nos autres îles.

Nous allons plus loin, et nous consentons à ce que l'on croie que la concession faite à Saint-Domingue doive hâter le moment où la Martinique et la Guadeloupe se détacheront de la France, à la domination de laquelle elles doivent échapper avant peu, qui empêcherait, dans cette croyance, que, par des traités semblables et plus favorables encore pour nous, puisque l'on stipulerait dans l'état de possession, on ne prévînt, à l'égard de ces colonies, l'avenir qu'il est si facile d'entrevoir ?

Avançons toujours nos suppositions, et accordons une scission avec nos îles situées au vent, qu'aucune mesure n'aurait préparée. Tout ne serait-il point encore gain pour notre pays, dans cette hypothèse poussée à l'extrême ? Mettez de côté pour un moment l'importance de la Martinique et de la Guadeloupe comme station de guerre et ports de relâche, et calculez d'une part ce que vous économiserez par l'affranchissement des dépenses auxquelles ces colonies vous entraînent chaque année, et ce que vous vaudrait de l'autre les avantages permanens stipulés dans le traité avec Haïti, indépendamment des sommes convenues pour sa signature. Direz-vous, comme *la Quotidienne,* d'après l'auteur de la brochure, que la perte de deux petites îles amène celle de votre commerce, et que celle-ci anéantit votre marine ? Mais de nouveaux débouchés, bien autrement étendus, vous seront ouverts par votre traité avec Haïti, et, loin que votre navigation puisse en être restreinte, elle devra au contraire y trouver un plus grand développement.

Ainsi, dans tout état de cause, si la déclaration de

l'indépendance de Saint-Domingue peut avoir le résultat que vous lui présagez , de vous faire perdre deux colonies de peu d'importance , résultat que vous pouvez prévenir par des mesures prises à propos, vous obtenez en échange, par cette concession ,

1° Comme condition transitoire, une indemnité qui va fermer la plus saignante des plaies de la révolution , et dont le produit viendra féconder tous les canaux de votre industrie ;

Et 2°, comme condition permanente , l'économie des sommes que coûte la conservation de la Martinique et de la Guadeloupe; des avantages commerciaux que vous donneront la prééminence dans les marchés d'Haïti , et enfin un plus grand développement d'affaires et d'expéditions maritimes.

L'auteur demande, au lieu de ce traité, qu'il qualifie de lâcheté , « le maintien du *statu quo ,* qui donnera le loi- « sir de bien apprécier la facilité d'une expédition mili- « taire à Saint-Domingue ».

Il y a long-temps que le *statu quo* existe et qu'il a procuré ce loisir que sollicite l'auteur , sans qu'aux yeux de toute personne éclairée il se soit présenté une probabilité de réussite dans une nouvelle tentative à main armée contre cette colonie. Bien au contraire, les chances de succès ont diminué chaque jour , et surtout depuis qu'elle ne forme plus qu'un tout , et qu'un gouvernement doux et éclairé y a rallié tous les esprits.

Lorsque l'expédition du général Leclerc fut résolue, les circonstances étaient favorables : les nègres n'avaient point encore goûté de la tranquillité et de la libre possession qui est la conséquence d'une administration sage et bien constituée. Ils ne connaissaient de la révolution qui avait brisé leurs fers que les excès qui l'avaient accompagnée. Chacun obéissait à un chef de son choix , parmi ceux qui se partageaient la domination des différens districts , et parmi ceux-ci la jalousie et les rivalités en avaient disposé plusieurs à se jeter dans les bras de la France , tandis que les cajoleries et les promesses du général qu'elle y enverrait devait en gagner d'autres.

Le Gouvernement français, avant de faire partir le général Leclerc , s'était minutieusement informé de l'état de la colonie. Les renseignemens recueillis ne laissaient subsister que deux motifs de crainte de voir échouer l'expédition.

Le premier et le plus redoutable était l'influence du climat ; mais on pouvait espérer d'obtenir la réduction des rebelles avant qu'il n'eût exercé ses ravages , et il eût suffi ensuite d'alimenter , par quelques envois de recrues, la portion de l'armée qui , ayant résisté aux premières atteintes , se serait trouvée acclimatée.

Le second , moins sérieux an apparence , puisqu'on pouvait y remédier dès qu'on l'avait prévu , était pris dans les dangers qui naissent de l'incapacité et de la mésintelligence des chefs dans une opération lointaine. Les plus grandes précautions avaient été prises à cet égard.

Le général Leclerc avait fait preuve de talens administratifs et militaires dans les hautes fonctions de chef d'état. major général qu'il avait remplies en Allemagne et en Italie, et sa qualité de beau-frère du premier consul , jointe au commandement en chef, l'investissait de pouvoirs à l'abri de toute rivalité. Des généraux de division du premier ordre étaient chargés de le seconder.

L'expédition échoua malgré tant de précautions, l'emploi des meilleures troupes et l'appui d'une partie de la population et des généraux indigènes. Le climat , qui dévora la plus grande partie de l'armée , fut et sera toujours la première cause des revers. La rupture du traité d'Amiens en fut la seconde , en amenant l'interruption des communications.

Si , à cette époque, une puissante coopération de l'intérieur de l'île , en doublant les moyens si formidables de l'agression , ne put en assurer le succès , comment pourrait-on espérer de réussir aujourd'hui que tous les indigènes sont réunis sous une seule bannière ; lorsqu'un gouvernement sage et éclairé réunit, domine et dirige toutes les volontés ; quand deux puissances formidables sur mer , l'Angleterre et les Etats-Unis , et tout un continent saisi depuis peu d'une émancipation dont il est si jaloux , auront un intérêt unanime à ne point laisser succomber une population qui peut être considérée comme le poste avancé de l'indépendance du Nouveau Monde ?

Si jamais illusion fut complète, et serait fatale si elle était partagée par le Gouvernement français , c'est assurément celle qui a engendré l'opinion exprimée par l'auteur de la brochure , alors qu'il présente comme facile une expédition militaire , regardée par tous les hommes éclairés comme la conception la plus folle qu'un ministère pût former dans les circonstances.

L'auteur repousse comme illusoires tous les avantages que l'on peut se promettre d'un traité avec Haïti ; il croit à l'impossibilité ou au moins au défaut de fidélité de la régence d'Haïti d'acquitter l'indemnité de 150,000,000 annoncée pour les colons, et il demeure persuadé que les Anglais, déjà en possession d'alimenter cette île de ses besoins, continueront cet approvisionnement après la transaction pour laquelle il éprouve tant d'aversion.

Nous pouvons le rassurer sur le premier point. Si une garantie que la somme qui sera stipulée pour les colons était nécessaire pour déterminer notre Gouvernement à traiter avec le président Boyer, nous nous engagerons à mettre sous les yeux du ministère la *preuve matérielle* qu'elle sera mise à la disposition de ce président avant la signature du traité, si cette condition est exigée. Le même fait garantirait la fidèle exécution de cette clause du traité. Quant à la crainte de voir l'Angleterre continuer à pourvoir aux besoins des insulaires, elle est dérisoire, si le commerce français est avantagé sur la quotité des droits de douanes, comme on ne négligera point à le régler en traitant, sans craindre qu'aucune autre nation puisse s'en plaindre.

L'auteur s'élevant dans sa brochure contre toutes les considérations favorables à la France qui doivent porter le Gouvernement à se rendre au vœu unanime qui réclame une transaction avec Saint-Domingue, il fallait bien qu'il présentât son contre-projet. Que nous offre-t-il en échange du produit des méditations de nos hommes d'état et des espérances conçues sur leur résultat pour toutes les classes industrielles et commerciales, et pour les malheureux colons? Le projet d'une vice-royauté à Saint-Domingue ; et ce mot jeté pour la première fois au hasard, en développe-t-il du moins le sens, l'étendue, la consistance? Rien : il se borne à assurer que cette vice-royauté, sans définition aucune, nous donnera les moyens d'entretenir une marine formidable. Sera-ce à cause de la distance que nos marins auront à parcourir pour aller toucher ce but? Mais que ne placez-vous votre vice-royauté à Madagascar? La chose est aussi facile, et ce trajet amarinerait beaucoup mieux nos hommes de mer que celui de Saint-Domingue.

C'est pourtant avec de telles rêveries que des esprits moroses s'attachent à fausser l'opinion et à décréditer les vues de l'autorité.

Une idée plus spécieuse sort de la plume de l'auteur, alors qu'il suppose que les Anglais *poussent à l'œuvre de l'émancipation* de Saint-Domingue, et que cette mesure doit conduire à la reconnnaissance de l'indépendance de l'Amérique du Sud.

Si les Anglais ont ce généreux procédé à notre égard, grâces leur en soient rendues. Nous ne sommes point accoutumés à recevoir de leur part des conseils aussi éminemment utiles. Dans notre bonhomie, nous les eussions plutôt soupçonnés de se liguer avec l'auteur, *la Quotidienne* et les autres politiques du même bord, pour nous pousser à une expédition qui eût englouti nos trésors, nos troupes et notre marine.

Ce résultat inévitable d'une résolution qui eût armé la France contre la république d'Haïti eût peu touché ces féaux conseillers volontaires de la couronne. Ils parlent de donner de l'étendue à notre commerce, à nos relations extérieures : tout cela est bon en paroles. Mais que leur importe nos prospérités au dehors? N'ont-ils point le monopole de nos richesses du dedans? n'exploitent-ils point les faveurs, les pensions, les emplois? Heureusement que le Gouvernement du Roi, tout en cédant aux exigences insatiables dont ils le fatiguent, ne perd point de vue qu'il existe en France une population agricole, industrielle, industrielle et commerciale à laquelle il faut des débouchés pour ses produits, et une masse de colons dont les plaies saignent depuis trente-quatre ans. Ces divers intérêts bien autrement précieux que ceux de ces parasites qui consomment beaucoup et ne produisent rien, régleront seuls ses démarches à l'égard de Saint-Domingue.

Il sentira qu'il ne doit point sacrifier la France entière aux maximes violentes, aux préjugés absurdes, aux exigences monstrueuses d'un petit nombre de fanatiques. Il considérera l'état affreux auquel leur succès au delà des Pyrénées ont réduit la malheureuse Espagne, et il mettra toute sa gloire à donner à ce pays le salutaire exemple des bienfaits que produit le triomphe de la modération et de la saine politique sur l'exagération et le fanatisme des principes.

Voilà ce que la France, l'Europe, le monde entier, attendent de Charles X.